Bajki

PO POLSKU
I PO ANGIELSKU

CENTRUM EDUKACJI DZIECIĘCEJ

Zapraszamy na **www.publicat.pl**

Ilustracje – Dorota Fic, Andrzej Hamera, Dominik Samol
Tekst na podstawie baśni H. Ch. Andersena, Ch. Perraulta oraz J. i W. Grimm – Anna Sójka-Leszczyńska
(*Czerwony Kapturek*), Danuta Wróbel (*Królowa Śniegu, Jaś i Małgosia, Brzydkie kaczątko, Dziewczynka z zapałkami*)
Tekst angielski – Anita Pisarek (*Królowa Śniegu, Jaś i Małgosia*), Mariusz Zakrzewski (*Brzydkie kaczątko,
Czerwony Kapturek, Dziewczynka z zapałkami*)
Weryfikacja językowa wersji anglojęzycznej – Alfred Graham
Korekta tekstu angielskiego do aktualnego wydania – David O'Brien
Opracowanie graficzne – Marek Nitschke

jest znakiem towarowym Publicat S.A.

PUBLICAT S.A.
61-003 Poznań, ul. Chlebowa 24
tel. 61 652 92 52, fax 61 652 92 00
e-mail: ced@publicat.pl
www.publicat.pl

5

Dawno, dawno temu... Once upon a time...

it's snowing
[ɪt'z snəʊɪŋ]
pada śnieg

roof tile [ruːf taɪl]
dachówka

bright [braɪt]
jasno

dark [daːk]
ciemno

Królowa Śniegu

W pewnym mieście mieszkali chłopiec i dziewczynka – Kaj i Gerda. I choć nie byli rodzeństwem, bardzo się kochali. Kiedyś babka opowiedziała im historię o Królowej Śniegu:
– Jest zimna jak lód. Przybywa wraz z zimą. Zagląda do okien i rysuje na szybach tajemnicze wzorki.

wax [wæks]
wosk

candlestick ['kændlstik]
lichtarz

pane [peɪn]
szyba

write [raɪt]
pisać

The Snow Queen

In a certain town there lived a boy and a girl – Kay and Gerda. Although they were not siblings, they loved each other very much. One day a grandmother told them a story about the Snow Queen, 'She is as cold as ice. She comes with winter. Sometimes she looks through windows and draws mysterious patterns on window panes.'

k-bottle [ɪŋk ˈbotl]
kałamarz

quillpen [kwɪl pen]
gęsie pióro

book [bʊk]
książka

bookmark [ˈbʊkmɑːk]
zakładka

– A ja się wcale nie boję! – zawołał Kaj.
Ale gdy wieczorem spadł pierwszy śnieg i chłopiec
zbliżył się do okna, zobaczył śnieżnobiałą damę
w koronie z sopli lodu. To była Królowa Śniegu!
Gdy spojrzał na nią, coś ukłuło go w oko. Był to
odłamek diabelskiego lustra. Odtąd to, co dobre,
wydawało mu się głupie, stał się złośliwy i zarozumiały.
Nie chciał bawić się z Gerdą.

sleigh [sleɪ]
sanie

runner [ˈrʌnər]
płozy

fountain [ˈfauntɪn]
fontanna

queen [kwiːn]
królowa

'I'm not scared at all!' cried out Kay. But in the evening, when the first snow appeared, he saw a snow-white lady with a crown made of icicles. There was the Snow Queen! When he looked at her, something hit him in the eye. It was a piece of diabolic mirror. Since then everything good seemed stupid to him and he became malicious and vain. He did not want to play with Gerda any more.

jewel ['dʒuəl]
klejnot

grandmother
['grænmʌðə(r)]
babcia

read [riːd]
czytać

freeze [friːz]
zamarzać

Pewnego dnia chłopiec wziął sanki i pobiegł na plac, na którym dostrzegł ogromne czerwone sanie. Przywiązał do nich swoje saneczki, a zaprzęg ruszył. Gdy przystanął, z sań wychyliła się Królowa Śniegu! Zaprosiła Kaja do siebie. Gdy pocałowała go w czoło, Kaj zapomniał zupełnie o Gerdzie i popędzili dalej do krainy wiecznego śniegu.

belt [belt]
pasek

house [haʊs]
dom

buckle [ˈbʌkl]
klamra

face [feɪs]
twarz

One day the boy took his sledge and ran
to the square where he saw a great, red sleigh.
He fastened his own little sledge to it and the cart
set off. When they stopped, the Snow Queen rose
up from the sleigh! She asked Kay to come
to her. When she kissed him on the forehead, Kay
forgot Gerda and they went away to the land
of everlasting snow.

sledge [sledʒ]
sanki

nose [nəuz]
nos

lips [lɪpz]
usta

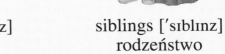

siblings ['sɪblɪnz]
rodzeństwo

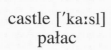

Gerda wyruszyła na poszukiwanie przyjaciela, ale o chłopcu wszelki słuch zaginął. Któregoś dnia napotkała wielką czarną wronę:
– Chyba widziałam twojego Kaja – powiedziała i zaprowadziła Gerdę do zamku. Mieszkający tam chłopiec nie był Kajem, lecz księciem, który okazał się bardzo miły i gościnny. Podarował Gerdzie ciepłe buty, płaszczyk i karetę. Dziewczynka pojechała dalej.

castle [ˈkɑːsl]
pałac

square [skweə(r)]
plac

cart [kɑːt]
zaprzęg

coachman [ˈkəutʃmə
woźnica

Gerda set off to look for her friend but there was no news about the boy. One day she came across a big, black crow:
'I may have seen your Kay,' said the bird and took Gerda to a castle. But the boy who lived there was not Kay but a prince who appeared to be very nice and hospitable. He gave Gerda warm shoes, a coat, and a carriage. And the girl went on her way.

carriage ['kærɪdʒ] kareta	prince [prɪns] książę	princess [prɪńses] królewna	horse [hoːs] koń

W lesie karetę napadli zbójcy, ale Gerdę uratowała córka herszta bandy. Rozbójniczka chciała mieć koleżankę, z którą mogłaby się bawić. Gerda opowiedziała swoją historię, która wzruszyła dziewczynkę.

– Pomogę ci, weź mojego renifera. –
I wyprawiła Gerdę w dalszą drogę.
W pewnej chwili renifer
zatrzymał się.
– Dalej musisz iść sama.
Mnie nie wolno przekraczać granicy
lodowego królestwa.

reindeer ['reɪndɪə(r)]
renifer

saddle ['sædl]
siodło

reins [reɪns]
lejce

horns [hɔːns]
rogi

In the forest robbers attacked the carriage but
Gerda was saved by the chief-robber's daughter.
The little robber-girl wanted to have a friend
to play with. Gerda's story made her very sad.
'I will help you. Take my reindeer.'
And with her help Gerda left the place.
At some point the reindeer
stopped.'Now you have
to go on your own.
I'm not allowed to enter
the ice kingdom.'

travel ['trævl]
podróżować

shine [ʃaɪn]
świecić

walk [wɔk]
chodzić

hang [hæŋ]
wisieć

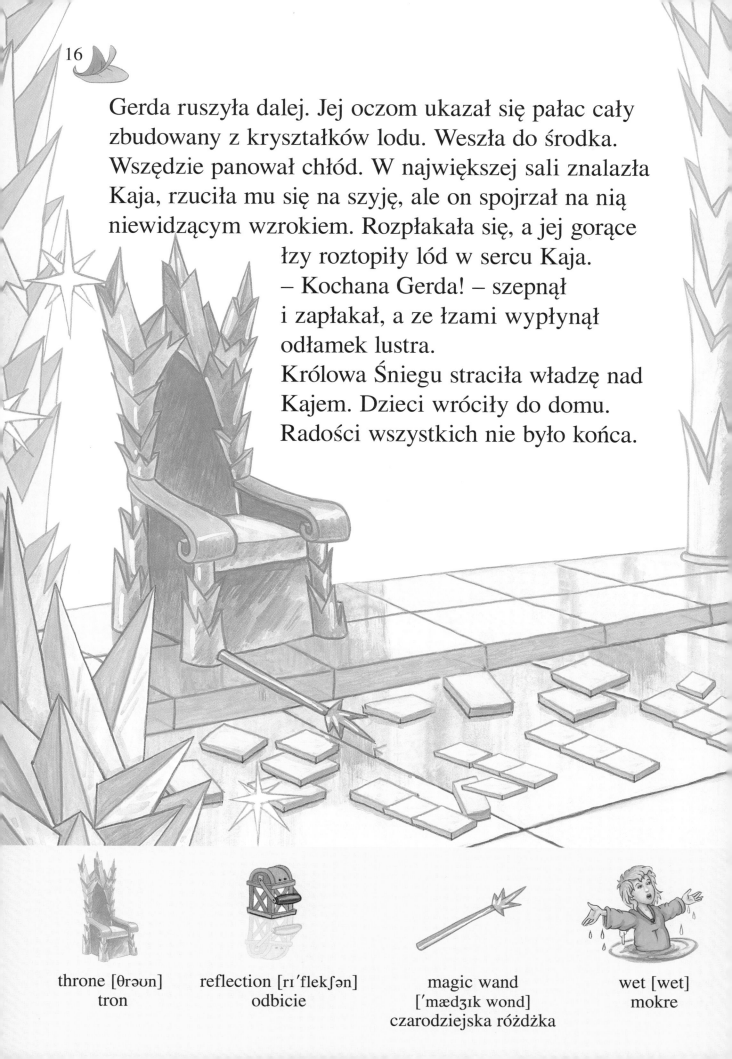

Gerda ruszyła dalej. Jej oczom ukazał się pałac cały zbudowany z kryształków lodu. Weszła do środka. Wszędzie panował chłód. W największej sali znalazła Kaja, rzuciła mu się na szyję, ale on spojrzał na nią niewidzącym wzrokiem. Rozpłakała się, a jej gorące łzy roztopiły lód w sercu Kaja.

– Kochana Gerda! – szepnął i zapłakał, a ze łzami wypłynął odłamek lustra.

Królowa Śniegu straciła władzę nad Kajem. Dzieci wróciły do domu. Radości wszystkich nie było końca.

throne [θrəʊn]
tron

reflection [rɪˈflekʃən]
odbicie

magic wand
[ˈmædʒɪk wond]
czarodziejska różdżka

wet [wet]
mokre

Gerda moved forward. Then she saw a palace made of pieces of ice. She went inside. The whole place was very cold. In the biggest room she found Kay and hugged him but he looked at her without seeing her at all. The girl cried and her warm tears dissolved the ice in Kay's heart.

'Dearest Gerda,' whispered Kay and cried. While he was crying, the piece of diabolic mirror fell out from his eye. Now the Snow Queen lost her power over Kay. The children returned home. There was no end to their joy.

hug [hʌg]
przytulać

piece [piːs]
kawałek

kiss [kɪs]
całować

stand [stænd]
stać

Jaś i Małgosia

Za siedmioma górami, za siedmioma
rzekami, w leśnej chatce żyło sobie
rodzeństwo – Małgosia i Jaś. W okolicy
panowały bieda i głód. Mimo to dzieci były
szczęśliwe i chętnie pomagały rodzicom.
Często chodziły z ojcem drwalem
do lasu i wracały z koszykiem
pełnym jagód albo grzybów.

berries ['berɪs]
jagody

fern [fəːn]
paproć

friendly ['frendli]
przyjazny

trunk [trʌŋk]
pień

Hansel and Gretel

Far, far away in a little house in a forest lived
a brother and a sister – Hansel and Gretel.
There was hunger and poverty in the neighbourhood.
In spite of that the children were happy and helped
their parents with joy.
They often went with their father, who was a woodcutter
to the forest, and they would come back with a basket
full of berries or mushrooms.

woodcutter ['wʊdkʌtə(r)]
drwal

axe [æks]
siekiera

straw [strɔː]
słoma

little house ['lɪtl haʊs]
chatka

Pewnego razu zgubiły się, wracając do domu. Zapadł zmrok i wiał silny wiatr. W dali słychać było wycie wilków. Przerażone dzieci przytuliły się do siebie i tak czekały świtu. Rankiem zobaczyły na skraju polany domek. Gdy podeszły bliżej, odkryły, że zbudowano go z... piernika!

raven ['reɪvən]
kruk

bow [bau]
kokarda

pinafore ['pɪnəfɔː(r)]
fartuszek

talk [tɔːk]
rozmawiać

One day they lost their way while walking back home. Darkness fell and a strong wind started blowing. You could hear the wolves' howling in the distance. The children hugged each other and waited for the morning to come. In the morning the children saw a little house on the fringe of a glade. When they came closer, they saw that it was built from honey-cake.

stalk [stoːk]
łodyga

plait [plæt]
warkocz

show [ʃəu]
wskazywać

brown hair [braun heə(r)]
ciemne włosy

Wygłodniałe, nie mogły oderwać wzroku
od ścian pokrytych malinowym lukrem,
landrynkowych dachówek połyskujących
smakowicie i lodów w ogródku przystrojonych
puszystą śmietaną. W końcu nie wytrzymały
i odłamały kawałek pachnącego miodem ciasta.

whipped-cream
[wɪpt kriːm]
bita śmietana

ice-cream [aɪs kriːm]
lody

heart [haːt]
serce

cake [keɪk]
ciastko

Being hungry, they could not stop looking at the walls covered with raspberry icing, shining savory tiles made of fruit drops and ice-creams with whipped cream standing in the garden. At last they could not bear it and broke off a little bit of cake.

cobweb ['kobweb]
pajęczyna

broom [bruːm]
miotła

tooth [tuːθ]
ząb

chest [tʃest]
skrzynia

Wtem zaskrzypiały drzwi i w progu ukazała się staruszka. Uśmiechnęła się życzliwie i zaprosiła dzieci do środka. Gdy znaleźli się w izbie, dostrzegli, że kobieta w rzeczywistości była okropną, starą wiedźmą.

– No, wreszcie trafił mi się smaczny kąsek! – zawołała, śmiejąc się, i chciała natychmiast zjeść maluchy. Po chwili namysłu powiedziała jednak: – Ale ty, bratku, jesteś za chudy, muszę cię trochę podtuczyć. – I zamknęła Jasia w ciemnej komórce. Dziewczynce kazała natomiast sprzątać w chatce i gotować jedzenie dla brata.

clean [kli:n]
sprzątać

prison ['prɪzn]
więzienie

lock up [lok ʌp]
zamknąć

tub [tʌb]
balia

Suddenly the door opened with a cracking noise
and an old lady appeared on the doorstep.
Smiling kindly, she asked the children to come inside.
No sooner had they come inside when they realized
that in reality she was an ugly, old witch. 'At last
I've got a tasty bite to eat!' she called laughing and
she wanted to eat the children immediately. But after
a moment of thinking she said:
'Little boy you are too
thin and I'll have
to fatten you up
a little.' And she
locked Hansel
in a dark closet.
The girl was asked
to clean the little
house and cook
food for her
brother.

bowl [bəʊl]
miska

table ['teɪbl]
stolik

padlock ['pædlok]
kłódka

bar [bɑː(r)]
krata

Z dnia na dzień Jaś stawał się grubszy.
Aby sprawdzić, czy chłopiec nadaje się już
do zjedzenia, starucha kazała mu codziennie
pokazywać kciuk. Sprytny malec, wiedząc, że
czarownica ma zły wzrok, podsuwał jej zamiast
swego palca ogryzioną kość. Tak minęły trzy
miesiące. W końcu zniecierpliwiona starucha
rozpaliła w piecu i wyciągnęła chłopca
z komórki. Posadziła Jasia na wielkiej łopacie
i próbowała wepchnąć ją w palenisko. Na próżno,
tłuściutki chłopiec nie mieścił się w otworze
pieca. Czarownica postanowiła pokazać mu,
co powinien zrobić. Położyła się na łopacie,
a wówczas Małgosia wepchnęła ją
do rozgrzanego pieca.

witch [wɪtʃ]
wiedźma

fear [fɪə]
strach

barrel [bærəl]
beczka

garlic [ˈgɑːlɪk]
czosnek

From day to day Hansel was becoming fatter.
To check if the boy was ready to be eaten the old lady
asked him every evening to show her a thumb. But
the clever boy, knowing that the witch did not see very
well, showed a little, bitten off bone instead of his
finger. Three months had passed by. At last the old
lady lost her patience, heated the oven and took
the boy from the closet. She put Hansel
on a big shovel and tried to put him
in the oven. In vain. The boy
was too fat to be put in
the oven. The witch
decided to show him
what he should do.
When she laid herself
down on the shovel,
Gretel pushed her
directly into the
hot oven.

stove [stəʊv]
piec

shovel ['ʃʌvl]
łopata

push [puʃ]
pchać

lid [lɪd]
pokrywka

– Uciekamy! – krzyknęła dziewczynka, chwytając przestraszonego braciszka za rękę. Dzieci szybko wybiegły z piernikowej chatki i pognały w stronę lasu. Zaprzyjaźnione zwierzęta pomogły im znaleźć drogę do domu, gdzie czekali stęsknieni rodzice. W maleńkiej chatce na nowo zagościł uśmiech, zaś o wstrętnej czarownicy nikt już więcej nie słyszał.

wicket ['wɪkɪt]
furtka

run [rʌn]
biec

petal [petl]
płatek

waistcoat ['weɪs(t)kəʊt]
kamizelka

'Let's run!' shouted the girl, taking
her frightened brother by the hand.
The children ran from the honey-cake house,
and as fast as they could, they ran to the forest.
Friendly animals helped them to find a way home
where their longing parents were waiting.
There was once again happiness in the small house and
nobody ever heard anything more about the ugly witch.

wing [wɪŋ]
skrzydło

run away [rʌn ə'weɪ]
uciekać

blouse ['blaʊz]
bluzka

dot [dot]
kropka

Brzydkie kaczątko

Trrr… trrach! Pękały po kolei skorupki jajek.
Mama kaczka radośnie spoglądała na wykluwające
się żółciutkie jak jaskry pisklęta.
Pozostało jeszcze jedno,
największe jajko.
— Lepiej zostaw je w spokoju,
bo nic dobrego się z niego
nie wykluje — ostrzegała
przechodząca obok gęś.

egg [eg]
jajko

duck [dʌk]
kaczka

feather [ˈfeðə(r)]
pióro

goose [guːs]
gęś

31

The Ugly Duckling

Crack, crack! The eggshells were breaking one by
one. Mother duck was looking merrily on her
hatching nestlings, as yellow as buttercups.
Still there was one egg left, the biggest one.

'You better leave it alone, for
nothing good will hatch
from it,' a passing
goose warned her.

jug [dʒʌg]
dzbanek

speak [spiːk]
mówić

duckling ['dʌklɪŋ]
kaczątko

bag [bæg]
torba

Kaczka była jednak uparta i wygodniej usadowiła
się na gnieździe. Wreszcie z jajka wykluło się
ostatnie pisklę. Było dziwnie duże i szare.
– Ojej, jaki on brzydki! – skrzywiły się kaczęta
na widok braciszka.
– A nie mówiłam! – zasyczała znowu gęś.
Słysząc to, biedny malec wybuchnął płaczem.
Wszyscy wokół mu dokuczali i nazywali
brzydkim kaczątkiem.

bucket ['bʌkit]
wiadro

brothers ['brʌðə(r)z]
bracia

umbrella [ʌm'brelə]
parasol

warn [wɔː(r)n]
ostrzegać

The duck was stubborn though, so she just seated herself on the nest. Finally the last nestling hatched from the egg. It was strangely big and grey.
'Oh, how ugly he is!' the ducklings frowned, on seeing their brother.
'Didn't I tell you!' the goose hissed again.
When the poor kid heard this, he burst into tears. Everyone around was teasing him and calling him the "ugly duckling".

beak [biːk]
dziób

cry [krai]
płakać

sad [sæd]
smutny

mother [ˈmʌðə(r)]
matka

Pewnego dnia nie mógł już tego znieść
i wyruszył w świat.
Szedł i szedł, aż napotkał wiejską zagrodę.
Nie znalazł tam jednak przyjaciół.

tree [triː]
drzewo

mill [mil]
młyn

window ['windou]
okno

boat [bout]
łódka

And then, one day, he couldn't stand it any longer and went out into the world. He was walking and walking. At last he came to a farmstead. He did not find friends there, though.

indmill ['win(d)mil]
wiatrak

wheel [wiːl]
koło

roof [ruːf]
dach

spots [spots]
kropki

Nastały chłodniejsze dni. Pewnego razu zobaczył pływające po stawie, niedaleko brzegu, ogromne białe ptaki. Były to łabędzie.

– Och, jaka szkoda, że nie jestem taki jak one! – westchnął, widząc, jak z łopotem skrzydeł wzbijają się w górę. – Poczekam, może jeszcze wrócą…

sack [sæk]
worek

swans [swons]
łabędzie

go [gou]
iść

look [luk]
patrzeć

The days grew colder. One day he saw huge white birds swimming on the pond, not far from the shore. They were swans. 'Oh, what a pity that I am not like them!' he sighed, seeing how they flew into the sky with flutter of wings. 'I'll wait, maybe they'll come back…'

pond [pond]
staw

nice [nais]
ładny

carry ['kæri]
nieść

fence [fens]
płot

Wkrótce zrobiło się całkiem zimno. Zziębniętego i głodnego malca znalazły dzieci i zabrały ze sobą. Gdy mieszkający w domu rudy kot ujrzał kaczątko, postanowił na nie zapolować. Biedny ptak znów musiał uciekać.

worm [wəː(r)m]
robak

chimney ['tʃimni]
komin

black and white
[,blækən 'wait]
czarno-biały

chestnuts ['tʃesnʌts]
kasztany

Soon it became quite cold. The cold and hungry duckling was found by the children who took him with them.

When a red cat living at home saw the duckling, he decided to hunt him.

The poor bird had to flee again.

blow [blou]
dmuchać

fall down [fo:l daun]
spadać

farmyard [fa:(r)mja:(r)d]
podwórko

autumn ['o:təm]
jesień

Wreszcie nadeszła wiosna i zazieleniły się trawy. Nad staw powróciły łabędzie. Kaczątko zapragnęło przyjrzeć im się z bliska.

– Ależ ty jesteś piękny! Chodź do nas! – zawołały na jego widok.

Zawstydzony ptak opuścił głowę. Jakież było jednak jego zdumienie, gdy zobaczył swoje odbicie w wodzie.

On także był wspaniałym, śnieżnobiałym łabędziem!

Mieszkańcy rodzinnego podwórka mogli mu teraz tylko zazdrościć.

big [big]
duży

small [smo:l]
mały

beautiful ['bju:tifəl]
piękny

snow-white [snou'wa
śnieżnobiały

At last spring came and the grass turned green.
The swans returned to the pond. The duckling wanted
to take a close look at them.
'How beautiful you are! Come to us!' they called
at the sight of him.
Ashamed, the bird lowered his head. How surprised
though he was when he saw his own reflection
in the water. He was a great snow-white swan, too!
Inhabitants of the farmyard could only
envy him.

grow [grou]	spring [sprɪŋ]	poisonous ['pɔɪzənəs]	family ['fæmɪli]
rosnąć	wiosna	trujący	rodzina

Czerwony Kapturek

Dawno, dawno temu żyła sobie dziewczynka nazywana Czerwonym Kapturkiem. Często razem z mamą odwiedzała babcię, która mieszkała w małej chatce za lasem. Jednak pewnego dnia mama była bardzo zajęta i dziewczynka musiała sama pójść do babci. Staruszka źle się czuła – trzeba było jej zanieść lekarstwa, chleb i owoce.

peach [piːtʃ]
brzoskwinia

orange ['orindʒ]
pomarańcza

medicine ['medsin]
lekarstwo

bread [bred]
chleb

43

Little Red Riding Hood

Once upon a time there lived a girl called Little Red Riding Hood. Together with her mother she often visited her grandmother who lived in a small cottage out in the woods. One day her mother was very busy, so the girl had to go to her grandmother alone. The old woman was ill and it was necessary to bring her medicine, bread, and fruit.

well [wel]
studnia

visit ['vizit]
odwiedzać

apron ['eiprən]
fartuszek

daughter ['dɔːtə(r)]
córka

44

Mama ostrzegała córeczkę, żeby nie schodziła z leśnej ścieżki. Ale dziewczynka postanowiła zanieść chorej babci bukiet kwiatów i zrywając je to tu, to tam, zawędrowała w głąb lasu.

hood [hud]
kaptur(ek)

dress [dres]
sukienka

cone [koun]
szyszka

stump [stʌmp]
pień

The mother warned her daughter not to leave the
path. But the girl decided to bring her sick
grandmother a bouquet of flowers, and picking
them here and there, she was
going further and further into
the woods.

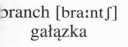
branch [braːntʃ]
gałązka

forest ['forist]
las

few [fjuː]
mało

hand [hænd]
dłoń

46

Nie zauważyła, że ktoś jej się przygląda. Był to zły wilk. Uprzejmie przywitał się z dziewczynką, a ona opowiedziała mu o chorej babci i wskazała drogę do jej domu. Wilk pobiegł na skróty, pożarł staruszkę i włożywszy jej czepek, czekał na Czerwonego Kapturka.

cottage ['kotidʒ]
chatka

pot [pot]
garnek

bird [bəː(r)d]
ptak

road [roud]
droga

She did not notice that someone was watching her. It was a bad wolf. He greeted the girl politely and she told him about her ill grandmother and showed him the way to her house. The wolf ran, taking the shortest path, ate the old woman up, then he dressed himself in her cap and waited for Little Red Riding Hood.

wolf [wulf]
wilk

stick [stik]
kij

far [faː(r)]
daleko

near [niə(r)]
blisko

– Babciu, dlaczego masz takie wielkie uszy? – zdziwiła się dziewczynka, gdy weszła do chatki i zobaczyła babcię.

– Żeby cię lepiej słyszeć.

– A dlaczego masz takie wielkie oczy?

– Żeby cię lepiej widzieć.

– A dlaczego masz takie wielkie zęby?

– Żeby cię zjeść! – odpowiedział wilk i wyskoczył z łóżka, żeby połknąć Czerwonego Kapturka.

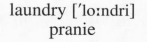
laundry ['lɔːndri]
pranie

spoon [spuːn]
łyżka

thermometer
[θə(r)'momitə(r)]
termometr

floor [flɔːr]
podłoga

The girl was surprised when she entered the cottage and saw her grandmother.

'Grandmother, why have you such big ears?'

'All the better to hear you with.'

'And why have you such big eyes?'

'All the better to see you with.'

'And why have you such big teeth?'

'All the better to eat you with!' answered the wolf and jumped out of the bed to swallow up Little Red Riding Hood.

pberries ['ræzberiz]
maliny

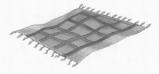

carpet ['ka:(r)pit]
dywan

bottle ['botəl]
butelka

bed [bed]
łóżko

Na szczęście dziewczynce udało się uciec. Pobiegła po leśniczego, który zabił wilka i uwolnił babcię.

Babcia i wnuczka dziękowały dzielnemu leśniczemu za ocalenie. Radości wszystkich nie było końca.

closed [klouzəd]
zamknięte

open ['oupən]
otwarte

granddaughter
['grændɔːtə(r)]
wnuczka

grandmother
['grænmʌðə(r)]
babcia

Fortunately, the girl managed to escape. She ran to a forester who in turn killed the wolf and set the grandmother free.
The grandmother and the granddaughter thanked the brave forester for rescueing them.
There was no end to their joy.

happy ['hæpi]
szczęśliwi

full [ful]
pełny

empty ['empti]
pusty

forester ['foristə(r)]
leśniczy

Dziewczynka z zapałkami

Historia ta wydarzyła się ostatniego dnia starego roku. Ulicami pewnego wielkiego miasta wędrowała ubrana w łachmany dziewczynka. Jej rodzice byli bardzo ubodzy, a ojciec w dodatku stracił pracę, zarabiała więc na kawałek chleba, sprzedając zapałki. Było mroźno i sypał gęsty śnieg. Otuleni w ciepłe futra przechodnie mijali ją obojętnie. Niestety, nikt nie potrzebował zapałek.

snow [snou]
śnieg

sell [sel]
sprzedawać

matches [mætʃəz]
zapałki

pocket ['pokit]
kieszeń

The Little Match-Seller

These events took place on the last day of the old year. A poor little girl, dressed in old worn-out clothes, roamed the streets of a big town. Her parents were very poor and her father lost his job, so she was earning her bread selling matches. It was freezing and heavy snow was falling. People walking by, wrapped in warm furs, were passing her indifferently. Unfortunately, nobody needed matches.

glove [glʌv]
rękawiczka

patch [pætʃ]
łata

cloak [klouk]
peleryna

lock [lok]
zamek (w drzwiach)

Wieczorem zmęczona dziewczynka schowała się za załomem muru i zapaliła jedną zapałkę, żeby ogrzać zmarznięte dłonie. Przymknęła na moment oczy, a gdy je ponownie otworzyła, ujrzała wielki kominek, w którym wesoło płonął ogień.

– Och, jak cudownie – szepnęła z zachwytem, zbliżając drobne rączki do płomienia.

W tej samej chwili jednak nagły podmuch wiatru zgasił zapałkę i czar prysnął.

warm [woː(r)m]
ogrzać

burning ['bəː(r)niŋ]
płonący

flame [fleim]
płomień

go out [gou aut]
zgasnąć

In the evening, the tired girl hid herself in
a corner between two houses and struck a match
to warm her cold hands. She closed her eyes
for a while and when she opened
them again, she saw a huge
fireplace with a fire
burning cheerfully.
'Oh, how beautiful,'
she whispered with delight,
bringing her little hands closer
to the flames.
Then because of a sudden gust
the match went out and the
magic was gone.

replace ['faiərpleis]
kominek

wood [wud]
drewno

fire ['faiə(r)]
ogień

suitcase [s(j)uːtkeis]
walizka

Dziewczynka była znowu na zimnym chodniku. Obok leżała wypalona zapałka.

– Biedactwo! – Ktoś przystanął na moment, ale zaraz ruszył dalej.

Wokoło hulał wicher, mała handlarka wyciągnęła więc drugą zapałkę. Wkrótce nikły płomień rozświetlił ścianę pobliskiej kamienicy, która nagle stała się przezroczysta.

street [striːt]
ulica

street-lamp [striːtlæmp]
latarnia uliczna

cold [kould]
zimno

pass [paːs]
mijać

The girl was again on the cold pavement. Next to her there was the half-burnt match.

'Poor girl!' someone stopped for a while but soon was on his way again.

The wind was raging around, so the little street vendor took out a second match. Soon the faint flame illuminated the wall of a nearby house which suddenly became transparent.

shawl [ʃɔːl]
chusta

scarf [skaː(r)f]
szal

button ['bʌtən]
guzik

winter ['wintə(r)]
zima

Oczom dziewczynki ukazało się przytulne wnętrze pokoju i suto zastawiony stół. „Ja chyba śnię" – pomyślała. Gdy jednak wyciągnęła rękę po kawałek ciasta, zapałka zgasła i wszystko zniknęło.

– Szczęśliwego Nowego Roku! – pozdrawiali się nawzajem przechodnie na ulicy. Nikt nie zwracał najmniejszej uwagi na drobną postać skuloną pod murem.

Z wolna zapadał zmierzch. W oknach okolicznych domów rozbłysły światła. Dziewczynka rozejrzała się dookoła i westchnęła. Szczelniej owinęła się połataną chustą i wyjęła kolejną zapałkę.

icicles [ˈaisikəlz]
sople lodu

ice [ais]
lód

gutter [ˈgʌtə(r)]
rynna

snowdrift [snoudrif
zaspa śnieżna

59

The girl could see a cozy room
with a table full of food. 'I must
be dreaming,' the girl thought. But
when she held out her hand for
a piece of cake, the match went out
and everything disappeared.
'Happy New Year!' the people passing by
were greeting each other. Nobody paid any
attention to a tiny shape by the wall.
Slowly it was getting dark and the lights were
shining from every window. The girl looked
around and sighed. She tightly wrapped
herself in a patched shawl and took out
another match.

knee [niː]
kolano

scissors ['sizərz]
nożyczki

number ['nʌmbə(r)]
numer

cellar ['selə(r)]
piwnica

Tym razem płomyk wydobył z ciemności cudnie przystrojoną choinkę, jarzącą się blaskiem świec. Chociaż Boże Narodzenie już minęło, leżały pod nią pięknie opakowane prezenty. Dziewczynka wiedziała, że to dla niej. Z radości na jej zmarzniętych policzkach pojawiły się rumieńce. Choinka szumiała przyjaźnie. Gdy jednak dziecko zapragnęło dotknąć pachnących gałązek, zgasła trzecia zapałka i świąteczne drzewko zniknęło w mroku.

Christmas ['krisməs]
Boże Narodzenie

box [boks]
pudełko

star [sta:(r)]
gwiazda

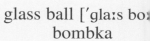

glass ball ['gla:s bo...
bombka

This time the flame brought out of the dark a beautifully decorated Christmas tree, glowing with burning tapers. And although the Christmas was already gone, there were beautifully wrapped presents under the Christmas tree. The girl knew they were for her. Her cold cheeks flushed with joy. The Christmas tree was buzzing amicably. When the child wanted to touch the nicely smelling twigs, though, the third match went out and the Christmas tree disappeared into the darkness.

ball [bɔːl]
piłka

Christmas tree
[ˈkrisməs triː]
choinka

ribbon [ˈribən]
wstążka

present [ˈprezənt]
prezent

Ulice opustoszały. Zbliżał się Nowy Rok.
Dziewczynka spojrzała na rozgwieżdżone niebo.
„Och, gdyby mogła tu ze mną być moja babcia" –
pomyślała ze smutkiem.
W tej samej chwili usłyszała obok znajomy głos:
– Jestem, kochanie. Chodź ze mną, a już nigdy
nie zaznasz głodu ani zimna.
Dziewczynka objęła mocno babcię i poszybowały
wysoko, wysoko, do krainy wiecznego szczęścia.
Następnego ranka przechodnie znaleźli na chodniku
martwą dziewczynkę. Wyglądała, jakby uśmiechała
się przez sen.

one [wʌn]
jeden

two [ˈtuː]
dwa

three [θriː]
trzy

four [fɔːr]
cztery

The streets became deserted. New Year was coming. The girl looked up to the starlit skies.

'Oh, if only my grandmother could be here with me!' she thought with sadness. And at the same time she heard a familiar voice next to her, 'I am here, darling. Come with me and you will never know hunger or cold again.' The girl embraced her grandmother tightly and they both flew upwards, far above the earth, to the land of eternal happiness.

The next morning people walking by found the dead girl leaning against the wall. She looked as if she was smiling in her sleep.

five [faiv]
pięć

broken ['broukən]
zepsute

pavement ['peivmənt]
chodnik

wall [woːl]
ściana

Spis tresci